우두커니의
사랑

우두커니의
　　사랑

초판 1쇄 발행　2025. 2. 14.

**지은이**　강승남
**펴낸이**　김병호
**펴낸곳**　주식회사 바른북스

**편집진행**　김재영
**디자인**　김민지

**등록**　2019년 4월 3일 제2019-000040호
**주소**　서울시 성동구 연무장5길 9-16, 301호 (성수동2가, 블루스톤타워)
**대표전화**　070-7857-9719　|　**경영지원**　02-3409-9719　|　**팩스**　070-7610-9820

•바른북스는 여러분의 다양한 아이디어와 원고 투고를 설레는 마음으로 기다리고 있습니다.

**이메일**　barunbooks21@naver.com　|　**원고투고**　barunbooks21@naver.com
**홈페이지**　www.barunbooks.com　|　**공식 블로그**　blog.naver.com/barunbooks7
**공식 포스트**　post.naver.com/barunbooks7　|　**페이스북**　facebook.com/barunbooks7

ⓒ 강승남, 2025
ISBN 979-11-7263-235-9 03810

•파본이나 잘못된 책은 구입하신 곳에서 교환해드립니다.
•이 책은 저작권법에 따라 보호를 받는 저작물이므로 무단전재 및 복제를 금지하며,
이 책 내용의 전부 및 일부를 이용하려면 반드시 저작권자와 도서출판 바른북스의 서면동의를
받아야 합니다.

강승남
지음

# 우두커니의 사랑

바른북스

## 자서

노을 속으로 걸어가는 길
뒤에서 시가 나를 부른다

어쩔 수 없다
다시 시가 불러주는 대로
어린아이처럼 받아쓰며
남은 생을 걸어갈 수밖에

때론 시를 쓰는 게 힘들어도
시를 쓸 수 있다는 건
참 고맙고 행복한 일이다.

**목차**

자서

**1부**
**그리운 어머니**

12   밥 먹어라
14   우두커니
16   기꺼이
18   물끄러미
20   사과를 깎으며
22   어머니의 다이어트
23   오롯이
25   애면글면
27   겨울나무
29   어머니의 책갈피
32   기념 엽서

## 2부
# 나의 갈 길 다 가도록

---

36 윤슬

38 자수

39 꽃 피는 천국

41 빌레몬서를 읽는 아침

43 난 기억도 안 나

45 방진수 집사님

48 나의 갈 길 다 가도록

51 비를 맞는 마을 뒷산처럼

53 하늘나라 왕자님

55 천지에 가득하신

57 추수감사절

58 아기 예수님 어디 계실까

60 디베랴

62 겟세마네

65 도살장에 끌려가는 양처럼

67 주는 나의 방패

69 주의 사랑으로 구해 주소서

72 악인의 팔을 꺾으소서

75 여호와는 나의 피난처

77 주의 장막에 거할 자
78 여호와여, 우리의 교회를 지켜 주소서
80 네가 나를 사랑하느냐


3부
# 네 이웃을 사랑하라

84 어서 오세요
86 뜨거운 치킨
88 풍경
90 경비원 김 씨의 전지(剪枝) 작업
92 모닥불
94 귀뚜라미
96 하산
97 혹시
99 무심코
101 그냥
103 살금살금
105 문득
106 절차탁마
108 벚꽃 질 무렵

110    배롱나무

111    가을밤

112    황금 잉어빵

113    도봉산

115    연리지를 위하여

117    섬

118    폭포

119    나무는 집을 짓지 않는다

121    어처구니없이 살 일이다

123    어른 김장하

126    전봉준

128    눈사람

129    추신

해설: '우두커니' 서서 애틋한 눈으로

1부 —————————— 그리운 어머니

# 밥 먹어라

팔목 골절로 입원하신 어머니
좀 어떠세요
괜찮다
아이들은 잘 있니

뇌출혈로 쓰러져 깨어나셨을 때도
어머니 괜찮으세요
난 괜찮다
밥은 먹었니

고관절 골절로 누워 계시면서도
어머니 괜찮으세요
난 괜치 않아
어서 가서 밥 먹어라

어제는 어머니 산소에 가서

어머니 편안하세요
난 이젠 편안해
다들 내려가서 밥 먹어라.

# 우두커니

명절날 아들딸 손자 손녀들 모여
왁자지껄 부산해도
어머니는 뒷방에 가셔서
혼자 우두커니 앉아 계셨다

늦은 나이에 결혼한 막내아들
신혼도 얼마 지나지 않아
덜컥 하늘로 먼저 보낸 후
어머니의 삶은 우두커니 멈춰 버렸다

몇 년 후 증손녀를 안으시곤
다시 웃음을 찾으시는가 했더니
형광등 마지막 반짝 하다 꺼져 버리듯
어머니는 얼마 후 하늘나라로 가셨다

막내아들이 보고 싶으셨을 것이다

어머니 돌아가시고 처음 맞는 추석
이젠 고향에 갈 일도 없어
창가에서 마냥 환하기만 한 보름달을
우두커니 바라보고 서 있다

그날의 어머니 마음이
이제 조금 더 알아질 듯하다
사랑하는 사람을 잃고는
우두커니 있을 수밖에 없는 그 까닭을.

# 기꺼이

소아마비 걸린 막내 업고서
우리 어머니
큰 병원 유명한 한의원
안 가본 곳이 없었지

끝내 다리 절게 된 막내
고등학교 때는
설악산 수학여행도
업고서 따라가셨지

다 큰 고등학생인 막내를
기꺼이 업고 가셨지

아버지 돌아가시고
청상의 몸으로
우리 4남매 키우시느라

보따리 장사 다니시면서도

그 힘든 세월
기꺼이 감당하셨지

그렇게 씩씩하게 우리 키우시느라
진이 다 빠지신 걸까
여든 넘으신 어머니 모시고
용궁사 놀러 갔던 날

태훈 애비야
힘든데 좀 업어달라
어머니 좀 쉬었다 가요

나 어머니 업어드리지 못했네
어머니 우리 기꺼이 업으셨는데
나 어머니 업어드리는 일이
기껍지 못했네

어머니 가시고 난 후
그날 어머니 업어드리지 못한 일이
늘 마음에 걸려 눈물짓네.

# 물끄러미

노랗게 물든 은행나무를
물끄러미 바라보다가
이런 생각이 들었다

실은 은행나무가 오래전부터
물끄러미 나를 보고 있었다는

국민학교 때 빠뜨린 준비물을
학교로 가져다주신 어머니가
왠지 부끄러워
얼른 돌아서 뛰어가면

멀리서 물끄러미 바라보시던
어머니의 눈빛처럼

물끄러미 바라보는 눈빛에는

깊은 사랑과 서러움과 미안함과
미처 다 말하지 못한 회한이
부치지 못한 편지처럼 담겨 있다

요즘은 길을 걷다가도
잠자리에 누워 있다가도
멀리서 누군가가
나를 물끄러미 바라보는 것 같다

가을이 깊어지고 있다
그날의 어머니 눈빛처럼.

## 사과를 깎으며

어머니는 보따리 장사를 다니셨다
청상의 슬픔보다 무거운 옷 보따리
대구로 서울로 이고 다니시며
밤이 늦어 집에 오실 때면 사과를 사 오셨다
한 줄에 대여섯 개씩 들어 있었던
조그맣고 멍도 많던 그날의 사과
때로는 출발하는 기차를 시간에 쫓겨
보따리 인 채로 달려서 타셔야 했던 어머니
부산행 완행열차에 입석으로 흔들리시며
머언 불빛만 바라고서 밤길 돌아오시면
그날 밤 궁금해서 기다리던 어린 4남매는
멍이 든 어머니의 사과를 깎아 먹었다
군데군데 멍들고 짓무른 그날의 사과는
아무도 모르는 우리 어머니 마음이었을까
멍든 부분을 이리저리 도려내시며
사과를 깎아 나누어 주시던 어머니

길게 벗겨 낸 사과 껍질처럼 세월은 흘러
오늘은 내가 아버지가 되어 사과를 깎는다
멍든 곳 없이 잘 익은 홍옥 사과 한 알
아이들은 아삭아삭 맛있게 베어 먹어도
나는 노환으로 병실에 누워 계신 어머니 생각에
깎아 놓은 사과 차마 먹지를 못하고
머언 창밖만 우두커니 바라본다
하늘엔 추석을 사흘 앞둔 달이
그날의 사과처럼 멍이 든 채로 떠 있는데.

# 어머니의 다이어트

태훈 아바지 하나 더 먹으라

팔순의 어머니가
오십을 넘긴 아들에게 만두를 덜어주신다

지난 설날 때보다 더 마르시고
천식도 심해지신 어머니

한평생 덜어주시기만 하셔서
이젠 허리마저 구부정해지셨는데

마지막 남은 것까지도 어머니는
마저 다 덜어주시고 싶으신 모양이다

추석날 아침에
어머니는 그믐달처럼 여위어 가시고
아들은 보름달처럼 서러워진다.

# 오롯이

가난하던 어린 시절
난방 시설도 없던 학교에서
손발 곱아서 집에 와
절절 끓던 아랫목 포대기 속으로
손과 발 녹이려 집어넣으면
거기 먼저 들어와
따끈히 데워 있던 밥그릇 네 개

한겨울 추위에도
어머니의 사랑처럼 오롯했지

보따리 장사 다니시던 어머니
밤차로 늦게 돌아오시면
도란도란 어머니 기다리다
옛날이야기처럼 잠들었던
어린 날의 고향집 그 아랫목

어머니 이제 안 계시고
막냇동생도 먼저 떠나 버려
다시 돌아갈 수 없는 날들이지만

지금도 추운 날이면
내 가슴에 오롯이 떠오르는
그날의 그 아랫목
따끈따끈하던 밥그릇 네 개.

# 애면글면

1·4후퇴 때 처녀의 몸으로
어머니와 어린 남동생 이끌고
임진강 얼음 위를 지나
쌕쌕이 기총 소사에 혼비백산하며
영등포역 기차 지붕에 매달려
그렇게 부산으로 피난 나오신 어머니

부산에서 같은 피난민 출신 청년 사업가 만나
우리 4남매 낳으시고 잠시 재미나셨지만
젊은 나이에 그만 청상과부 되어
온갖 고생 하시며 우리를 키우셨지

보따리 장사 하시며
늦은 밤 기차 입석으로 시달리시며
우리 4남매 굶기지 않으시려
애면글면 살아 내셨지

막내아들이 먼저 하늘나라 갔을 땐
애면글면 살아오시던 어머니도
그만 맥을 놓으시고 말았지
그리고 몇 년 후
어머니도 하늘나라로 가셨네

이제 반백이 된 아내도
아직도 하루하루 사는 게 팍팍하다
어머니가 그러셨듯이
아내도 아직까지 종종거리며
애면글면 살아 내고 있다

애면글면
배 아파 낳은 아들도 영원히 모를
한 이불 덮고 사는 남편도 다 모를
여자들만의 남모를 비원 같은 단어.

# 겨울나무

앙상하게 마른 가지에
새 한 마리 날아와
앉는다
가지가 휘청
흔들린다
힘에 겨운 기쁨 같은 것이
허공 위에 잔잔히 설렌다

잠시 후 새는
아득한 울음소리만 남기고
다시 제 가던 길로 훌쩍 떠나간다

언제인가
지친 몸으로 찾아올 새 한 마리 위해
이 혹독한 겨울날을
앙상한 가지로 지키고 서 있는

저 겨울나무,

늙으신 내 어머니 같은…….

# 어머니의 책갈피

아흔의 어머니 임종의 머리맡
평생 읽으시던 성경책
책갈피 끼워 두신 곳
마지막으로 읽으신 말씀 펴 보니
빨간 색연필로 밑줄 쳐 놓으신 말씀

'나는 선한 싸움을 다 싸우고
나의 달려갈 길을 다 마치고 믿음을 지켰으니'[1]

어머니 한평생은 선한 싸움이었구나
죽을 고비 몇 차례나 넘기며 내려온 피난길
청상의 나이에 어린 4남매 홀로 키우시며
남모르는 눈물과 기도로 살아오신 세월

어려서 소아마비를 앓아 업어서 키운

---

1   인용된 말씀은 신약성경 디모데후서 4장 7절과 8절 말씀

막내 승문이 목사가
어머니보다 앞서 천국 갔을 때도
그 모든 슬픔과 시련과 절통한 심정을
기도로 믿음으로 이겨 내신 어머니

마지막 가시밭길 다 마치신 후
나의 믿음을 지켰노라 말씀하시네

선한 싸움 다 싸우고 승리하신 어머니
너무나 편안한 얼굴로
아들딸에게 가만히 들려주시는 말씀

슬퍼하지들 말아라
험한 세상길 힘들고 슬플 때에도
담대한 믿음으로 싸워서 이겨라

어린 4남매 앉혀 놓고 가정예배 드리던
그날처럼 가만가만 들려주시는 말씀
가슴속에 빨간 밑줄로 새기고
책갈피 넘겨 보니 또 이런 말씀 있네

'이제 후로는 나를 위하여
의의 면류관이 예비되었으므로
주 곧 의로우신 재판장이 그날에 내게 주실 것이며'

아아, 어머니 의의 면류관 쓰시고
천국 가시는 영광의 길 보이네
마침내 천국 문 들어서시는 어머니께
못내 흐느끼며 마지막 인사드리네

어머니, 정말 잘하셨어요
이젠 영광스러운 천국에서 편히 쉬세요.

# 기념 엽서
-겨울 임진강에서

임진각에서 바라보는 겨울의 강물은 무겁고도 어둡게 가라앉아 있습니다. 얼음이 빠지직 빠지직 갈라지는 소리에 엉금엉금 기다시피 임진강 건너 피난 나오신 어머니……

그러나 요즘은 겨울이 되어도 강이 어는 일 드물어 더욱 건너기 힘든 강이 되었습니다. 수십 년 세월 실향민들은 하염없이 북녘땅만 바라보다 돌아섭니다.

피난지 부산에서의 어머니의 삶도 임진강 얼음을 건너는 것 같은 고난의 연속이었습니다. 그 엄혹한 삶의 강을 어머니는 우리 4남매 손을 잡고서 또 업고서 건너오셨습니다. 그리고 재작년 여름, 어머니는 이 고통의 땅의 끝에 흐르는 또 하나의 강, 요단강을 건너 마침내 그리던 영원한 고향 천국에 가셨습니다. 어머니, 그곳에서 평생 그리던 막내 승문이도 만나셨는지요?

 임진강엔 어느덧 저녁노을이 주단처럼 곱게 드리워져 있습니다. 언젠가는 우리도 고단한 삶의 강을 건너 어머니를 다시 만나게 될 날 있을 것을 믿습니다. 그날까지 어머니 늘 평안하시길 바랍니다.

## 2부 ── 나의 갈 길 다 가도록

# 윤슬[2]

이스라엘이여 너는 행복한 사람이로다 여호와의 구원을 너 같이 얻은 백성이 누구냐(신명기 33:29)

구름 한 점 없이 맑은 하늘
눈부신 태양
아침 바다에 비치면
수천 수만의 보석으로
반짝이는 저 빛의 향연

당신의 말씀 내게 오실 때에도
내 마음 일렁이는 물결마다
햇빛으로 피어나는 기쁨
사랑과 은혜의 윤슬

그 빛나는 은혜의 바다
고요한 당신의 눈빛 같은
그 넓은 바다 위로
작은 조각배 하나로 노 저어가는

---

2   윤슬: 햇빛이나 달빛에 비치어 반짝이는 잔물결을 뜻하는 우리말

나는 당신의 복된 백성.

# 자수

그가 너로 말미암아 기쁨을 이기지 못하시며 너를 잠잠히 사랑하시며
너로 말미암아 즐거이 부르며 기뻐하시리라 하리라 (스바냐 3:17)


봄이 되면 하나님은
세상을 곱게 수놓으신다

개나리는 노오랗게
진달래는 분홍으로
들판엔 봄바람 푸르게
하늘엔 새소리 맑게 수놓으시고

사람들 마음에도
아지랑이처럼 피어나는 그리움과
파릇파릇 돋아나는 설렘과
봄 하늘처럼 파아란 꿈을 수놓으신다

하나님도 봄이 되면
누군가가 그리우신 게다.

# 꽃 피는 천국

하나님께서 그들의 눈에서 모든 눈물을 씻어 주실 것임이라(요한계시록 7:17)

개나리, 진달래도 목련꽃, 벚꽃도
어여쁜 저 꽃송이 피우기까지
기나긴 겨울 차가운 땅속 어둠
견디고 기다려야 했듯이

천국도 그러할 거야
기나긴 겨울 같은 세월
차가운 땅속 어둠 같은 삶
믿음으로 견디고 기다려
뿌리를 지나 줄기도 지나
가느다란 저 가지 끝까지 이르러
마침내 한 송이 꽃으로 피어나는
천국은 그런 봄꽃 같은 것일 거야

이 세상의 봄은 아름다워도
이내 가버리고 말지만

천국은 꽃이 지지 않는
언제나 봄날인 그런 곳일 거야

그곳에서 나 언젠가
한 송이 고운 벚꽃으로 눈 뜨면
먼저 와서 피어 있던
개나리, 진달래, 목련꽃
복숭아꽃, 살구꽃, 장미꽃들
자세히 보면 다 알 것 같은
그리운 그 얼굴들
환하게 반겨줄 그런 곳일 거야

그곳에서 사랑하는 주님은
꽃들의 눈물도 닦아주시고
곱게 가꾸어 품어주시는
천국은 봄날의 화원 같은
그런 아름다운 곳일 거야.

# 빌레몬서를 읽는 아침

형제여 성도들의 마음이 너로 말미암아 평안함을 얻었으니 내가 너의 사랑으로 많은 기쁨과 위로를 받았노라(빌레몬서 1:7)

빌레몬서는 겨우 한 장밖에 없는
성경에서 가장 짧은 서신서
바울이 빌레몬에게
도망친 노예 오네시모를 용납해 달라고 부탁한 편지

그 짧은 용건과 문안 외에 별다른 내용은 없고
빌레몬이 어떤 인물인지도 그다지 알려진 바가 없지만
이 아침 빌레몬서를 읽다 깊은 감동을 받는 것은

형제여 성도들의 마음이 너로 말미암아 평안을 얻었으니
라는 바울의 한 줄 인물평
내가 너의 사랑으로 많은 기쁨과 위로를 받았노라
라는 바울의 진심 어린 감사의 고백

무명에 가까운 빌레몬의 신앙과 인품이
아침 햇살처럼 내 마음 환하게 밝혀 오는데

내 살아온 지난날도 별로 내세울 것 없고
차라리 부끄러운 일 많았지만
이제라도 내 남은 삶은 빌레몬처럼 살아서
나 죽은 후 사람들로부터
나로 말미암아 평안을 얻었노라 하는 말 들을 수 있다면
사람들을 사랑하고 많은 기쁨과 위로를 준 삶이었다고
내 비석에 새겨질 수만 있다면

나 하나님 앞에 섰을 때 부끄럽지 않으리
크게 내세울 것은 없어도
영화 국제시장의 황정민처럼
아버지 앞에 이렇게 말씀드릴 수 있으리

아버지
이만하면 내 잘 살았지예?

# 난 기억도 안 나

하나님의 말씀을 너희에게 일러 주고 너희를 인도하던 자들을 생각하며 그들의 행실의 결말을 주의하여 보고 그들의 믿음을 본받으라(히브리서 13:7)

가난하던 어린 날
교회 왔다 신발 잃고 울던 친구 있었네
그때 주일학교 부장 선생님이던 그분
맨발의 그 어린 친구 들쳐 업고
국제시장까지 가서 신발 사 신겨 보내셨지

수십 년 지나 어엿한 중견 화가로 자란 그 아이
어린 날 업어 주신 그분의 따스한 등 잊을 수 없어
수소문 끝에 찾아뵙고 감사의 마음 전했으나
그분은 쑥스러운 듯 웃으시며
난 기억도 안 나 하셨네

그 아이뿐 아니라
그분의 사랑과 도우심 잊지 못하는 많은 친구들 있지
생각해 보면 우리는 모두 그분 신겨 주신
사랑의 신발, 믿음의 신발

한 켤레씩들 신고 이곳까지 살아왔네

때론 그 신발 또 잃어버리고
광야 같은 세상 맨발로 헤매고 다닐 때
우리의 상한 발, 더러워진 발 앞에 엎드리셔서
눈물로 씻겨 주시고 업어 주시며
가장 좋은 신발 신겨 주시는 분 또 한 분 계시네

그분 또한 말씀하시네
난 기억도 안 나
우리들 더러운 발, 그분 마음 아프게 해드렸던
그 모든 부끄러운 일들을
기억도 안 난다 하시며
그저 우리가 마냥 사랑스럽다 하시네

주와 선생이 되셔서
우리 업어 주시고 더러운 발 씻겨 주신 사랑
이제 나이 들어서 가슴에 사무치는데
그분들은 기억 아니 하시네
기억도 안 난다 하시네.

(부산 대청교회 황남철 원로 장로님께 바칩니다.)

## 방진수 집사님

하나님의 말씀을 너희에게 일러 주고 너희를 인도하던 자들을 생각하며 그들의 행실의 결말을 주의하여 보고 그들의 믿음을 본받으라(히브리서 13:7)

방진수 집사님은
어릴 적 다니던 교회의 사찰 집사님

내 고향 친구인
굽은소나무 명철이의 아버지 방진수 집사님

교회에 가면
언제나 부지런히 일하고 계시던 방진수 집사님

유난히 장난이 심했던 우리를
항상 따뜻하게 반겨 주시던 방진수 집사님

공부는 많이 못하셨어도
신약전서를 줄줄이 외우시던 방진수 집사님

내가 고향을 떠난 후에도

방학 때나 명절 때 내려가면 특유의 평안북도 억양
으로

승남이 왔어~ 하시며
언제나처럼 반갑게 맞이해 주시던 방진수 집사님

머나먼 북녘 동토의 땅 중강진에서 월남
6·25 때 국군으로 입대하셨다가

우여곡절 끝 거제도에서
반공 포로로 석방되신 후
낯선 타향 땅 부산에 정착하셔서

숱한 시련과 가난 속에서도
믿음 하나로 평생 교회를 섬기셨던 방진수 집사님

지금은 무거운 짐 다 벗어 버리고
부활 동산[3]에서 편히 쉬고 계신 방진수 집사님

지금도 부활 동산에 가면 문득

---

3 부활 동산: 부산 대청교회의 교회 묘지 이름

승남이 왔어~ 하고 반겨 주실 것 같은 방진수 집사님

작은 체구에 낮은 목소리만큼
겸손하시고 온유하시던 방진수 집사님

가난하던 우리 어린 날들을
크나큰 사랑으로 품어 주시던 방진수 집사님

이 나이가 되어서야 문득
사무치게 그리워지는 방진수 집사님

앞으로 나도 그렇게 살고 싶어지는
나의 롤 모델 방진수 집사님

나도 방진수 집사님처럼
하나님과 사람을 섬기며 살다 훗날 하늘나라 가면

생전의 그 평안북도 억양으로
승남이 왔어~ 하고 환하게 반겨 주실 방진수 집사님.

# 나의 갈 길 다 가도록

나의 갈 길 다 가도록 예수 인도하시니
내 주 안에 있는 긍휼 어찌 의심하리요 (찬송가 384장)

나의 갈 길 다 가도록 예수 인도하시니
홀로 되신 우리 어머니 어린 4남매 데리고
가정예배 드릴 때마다 이 찬송 부르셨네

믿음으로 사는 자는 하늘 위로 받겠네
우리 어릴 때부터 한평생
한 교회만을 섬기신 계준희 전도사님
 가난하던 성도들의 가정에 심방 오시면 이 찬송 불러 주셨네

나는 심히 고단하고 영혼 매우 갈하나
형들보다 먼저 천국 간 내 동생 강승문 목사
아픈 다리로 사역하며 힘들 때면 이 찬송 불렀지

성령 감화 받은 영혼 하늘나라 갈 때에
이제 다 늙으신 어머니와 계전도사님, 권사님들

함께 찍은 사진 보며 나 이 찬송 불러드리네

어릴 적엔 지겹기도 했던
나의 갈 길 다 가도록
이제 내 앞에 그 길 오롯이 보이네

우리 어머니들 걸어가신 길
내 동생 다리를 절면서도 씩씩하게 걸어간 길
이제 우리들 함께 따라가야 할 그 길

내가 너와 함께 있어
네가 어디로 가든지 너를 지키리
하나님 야곱에게 약속하신 그 길

우리 이끌어 주셨던 목사님, 장로님, 집사님들
우리 앞서 꿋꿋이 걸어가셨던 그 길
그 길 가다 어려운 일 당할 때면
하나님 우리 앞에 반석에서 샘물 나게 하시리

우리 영혼 하늘나라 갈 때까지
영영 부를 우리들의 찬송

나의 갈 길 다 가도록
나의 갈 길 다 가도록

# 비를 맞는 마을 뒷산처럼

이 내 아들은 죽었다가 다시 살아났으며 내가 잃었다가 다시 얻었노라 하니 그들이 즐거워하더라 (누가복음 15:24)

아들이 집을 떠나던 날
아버지는 동네 어귀까지 나가서
차마 돌아서지 못하셨네

아들이 객지를 떠돌아다닐 때
아버지는 밥술을 뜨시다가도
한참을 우두커니 앉아 계셨지

비가 오고 눈이 오는 날은
잠을 이루시지 못하고
우두커니 지새는 밤이 많았지

아들은 객지에서 방탕하여
모든 재산 탕진하고
거지꼴로 살아가는데

아버지는 날마다 아들 기다리며
아들 입힐 옷 매만지며
아들 먹일 암소 돌보시며

날마다 동네 어귀에 나가
우두커니 먼 길 바라보며
하염없이 앉아 기다리시네

비가 오는 날도
눈이 오는 날도
묵묵히 서 있는 마을 뒷산처럼

아버지 날마다 아들 기다려
비 맞고 눈 맞으며 늙어가시네.

# 하늘나라 왕자님

예수께서 이르시되 어린아이들을 용납하고 내게 오는 것을 금하지 말라(마태복음 19:14)

예수님 찾아오는 아이들 보고
예수님 말씀하셨네

어린아이들을 금하지 말라
하늘나라가 이런 자들의 것이니라

어린아이들과 같지 아니하면
하늘나라에 갈 수 없느니라

예수님 아이들 안으시고
기도하시고 축복해 주셨네

예수님과 함께 있으면
날마다 어린이날

예수님과 함께 있으면

그 어디나 하늘나라

예수님과 함께 있는 어린이는
하늘나라 왕자님!
하늘나라 공주님!

# 천지에 가득하신

**너희는 천지를 지으신 여호와께 복을 받는 자로다** (시편 115:15)

하나님이 어디 있느냐
하기에
밤하늘의 별들을 보라 했네

하나님이 진짜 있느냐
하기에
봄날 피는 꽃들을 보라 했네

하나님이 지금도 있느냐
하기에
아기의 웃는 얼굴 보라 했네

하나님을 눈앞에 보여달라
하기에
마음의 눈을 뜨고 보라 했네

천지에 가득하신

하나님의 아름다우심

믿음의 눈으로 볼 수 있다 했네.

# 추수감사절

공중의 새를 보라 심지도 않고 거두지도 않고 창고에 모아들이지도 아니하되 너희 하늘 아버지께서 기르시나니 (마태복음 6:26)

추운 날에도 희망은 따뜻합니다
수없이 많은 아픔과 어려움 있어도
감사하는 마음으로 함께 나누면
사랑하는 마음으로 먼저 베풀면
절망 속에서도 꽃은 피어납니다.

# 아기 예수님 어디 계실까

너희가 가서 강보에 싸여 구유에 뉘어 있는 아기를 보리니 이것이 너희에게 표적이니라 하더니 (누가복음 2:12)

크리스마스 캐럴 흥겨운 거리
값비싼 선물 넘쳐나는 백화점
산타 할아버지 썰매 속에도
아기 예수님 계시지 않네

수만 명이 모이는 대형 교회
높이 솟은 크리스마스 트리
그 화려한 불빛 속에도
아기 예수님 계시지 않네

어디 계실까 아기 예수님
저 가난한 변두리 마을
어두운 외양간 말구유에
아기 예수님 잠들어 계시네

크리스마스 트리 휘황한 곳이나

캐럴 송 요란한 거리에서는
아기 예수님 잠들 수 없어
고요하고 어두운 외양간
그곳에 아기 예수님 찾아오셨네

별들만이 아는 그곳
가난한 마음만이 찾을 수 있는 그곳
화려한 불빛과 요란한 음악 없어도
하늘 영광 땅의 평화 충만한 그곳

그곳 말구유처럼
우리 마음 낮아지고 또 낮아질 때
아기 예수님 찾아오시리
아기 예수님 잠드실 수 있으리

저 구석진 변두리 어두운 마을
가장 가난한 마음 있는 곳
아기 예수님 그곳에 찾아오시리
세상의 참빛으로 찾아오시리.

# 디베랴

예수께서 가라사대 갈 것 없다 너희가 먹을 것을 주어라 (마태복음 14:6)

보리떡 다섯 개와 물고기 두 마리로
배고픈 무리 오천 명을 먹이신 곳

거센 풍랑 속 고통받던 제자들에게
바다 위로 걸어오셔서
풍랑을 잠잠케 하신 곳

십자가 고난 당하시고 부활하신 후
제자들에게 나타나신 곳

밤새도록 고기 한 마리도
잡지 못한 제자들에게
그물 들 수 없을 정도로 잡게 하신 곳

자신을 부인했던 베드로에게
네가 나를 사랑하느냐 물으시고

내 어린 양을 먹이라 당부하신 곳

디베랴

우리 지금 사는 이곳도
가난과 거센 풍랑 몰아치고

밤새 그물 던져도
고기 한 마리 못 잡는 삶이지만

디베랴의 주님 이곳에도
못 박힌 손으로 오셔서
생명의 떡 먹여 주시고
큰바람과 물결도 잠잠케 하시네

그리고 우리에게
내 어린 양을 먹이라 당부하시네

아아, 디베랴의 주님은 지금도
고통당하는 우리를 찾아
저 캄캄한 풍랑의 바다 건너오시네.

# 겟세마네

내 아버지여 만일 할 만하시거든 이 잔을 내게서 지나가게 하옵소서
(마태복음 26:39)

주님 겟세마네 이르셔서
심히 놀라시며 슬퍼하셨네

내 마음이 고민하여 죽게 되었구나
너희는 나와 함께 깨어 있어라

제자들에게 말씀하시고
땅에 얼굴을 짓이기시며
땀이 핏방울 되도록 기도하셨네

아빠 아버지
이 잔을 내게서 지나가게 하소서
내게서 지나가게 하소서

그러나 내 뜻대로 마시고
아버지의 뜻대로 하소서

세 번을 간구하셨으나
아버지께서는 아무 대답 없으셨네

세상모르고 잠든 제자들 깨워
일어나라 함께 가자 하시고
대제사장들과 백성의 장로들에게
주님 그예 잡혀가셨네

주님을 버리지 않겠다던 제자들
주님 버리고 모두 도망하였네

아무도 주님과 함께 하지 않았네

도살장에 끌려가는 양처럼
주님 혼자 끌려가셨네

그 험한 골고다의 길
고난의 십자가 지시고
주님 혼자 걸어가셨네

십자가에 달리신 주님

마지막으로 크게 부르짖으셨네

나의 하나님
나의 하나님
어찌하여 나를 버리셨나이까

큰 소리로 울부짖으시며
주님 혼자 돌아가셨네
이 죄인 살리시기 위해
주님 혼자 큰 고통 당하셨네.

# 도살장에 끌려가는 양처럼

예수께서 크게 소리 질러 이르시되 엘리 엘리 라마 사박다니 하시니
(마태복음 27:46)


열두 군단 더 되는 천사를
부르실 수 있었으나
그리하지 않으셨네

십자가에서도 스스로를 구원하여
내려오실 수 있었으나
그리하지 않으셨네

하나님께 버림받지 않으실 수 있었으나
그리하지 않으셨네

나의 하나님
나의 하나님
어찌하여 나를 버리셨나이까
소리 지르시고 그예 돌아가셨네

도살장에 끌려가는 어린 양처럼
털 깎는 자 앞에서 잠잠한 양처럼
묵묵히 십자가의 고통과 죽음 당하셨네

우리의 죽을죄 사하시기 위해
그리하셨네
벌레만도 못한 우리를 사랑하셔서
그리하셨네

그리고 주님 다시 살아나셨네
우리에게 영원한 삶을 주시기 위해
죽음을 이기시고 살아나셨네

오직 우리를 사랑하셔서
주님 죽으시고
우리에게 영생을 주시기 위해
주님 살아나셨네.

# 주는 나의 방패
-노래하는 시편 3

여호와 나의 하나님이여
나의 대적이 왜 이리도 많은지요
일어나 나를 치는 자 어찌 그리 많은지요

많은 사람들이 나를 대적하여
하나님께 구원받지 못하리라 하나이다

그러나 여호와 나의 하나님
주는 나의 방패시요
나의 영광
나의 머리를 들어주시는 분이십니다

내가 목소리 높여 부르짖을 때
주는 거룩한 산에서 응답하시며
주께서 나를 붙드시니
내가 편히 잠들고 또 깨어납니다

천만인이 나를 에워싸도 두렵지 않습니다

여호와 나의 하나님
일어나 나를 구원하소서
내가 부르짖으니
주께서 나의 원수의 뺨을 치시며
악인의 이를 꺾으셨네

아아, 구원은 여호와께 있사오니
주의 백성에게 복을 내리소서

나의 방패
나의 영광
나의 머리를 드시는 분이시여!

# 주의 사랑으로 구해 주소서
-노래하는 시편 6

I
오 여호와여
주의 분노로 나를 책망하지 마소서
주의 진노로 나를 징계하지 마소서

내게 은혜를 베푸소서
이렇게 앙상하여 뼈마저 떨리오니
오 여호와여 나를 고치소서
내 영혼까지도 심히 떨리나이다

언제까지 기다려야 합니까
여호와여 속히 돌아오셔서
내 영혼을 건지시며
주의 사랑으로 구해 주소서

이렇게 고통 속에서 죽어 버리면

그 무엇으로 주를 기억하며
그 누가 감사를 드릴 수 있겠습니까

나는 눈물과 탄식으로 지쳐 버렸습니다
내 침상은 눈물로 젖었고
내 요는 날마다 눈물로 적십니다
저 원수들에게 받는 고통으로
내 눈은 슬픔으로 다 짓물렀습니다

Ⅱ
눈물과 탄식 중에 부르짖었더니
여호와께서 나의 울음소리를 들으셨네
나의 간구와 기도를 다 받아 주셨네

악한 무리들아
이제 나에게서 썩 물러가라

마침내 원수들이 달아나네
부끄러워 어쩔 줄 모르고
혼비백산하여 달아나네

나 이제 두렵지 않네
여호와께서 나의 간구 들어주시니
나 이제 아무것도 두렵지 않네

아아 주께서 사랑으로 구해 주시니
이 세상 그 무엇이라도 나 두렵지 않네.

# 악인의 팔을 꺾으소서
-노래하는 시편 10

I
(독창)
오 여호와 나의 하나님
어찌하여 나를 멀리하시나이까
이 환난 날에 어찌하여 나타나지 아니하시나이까

저 교만한 악인들이 가련한 자를 심히 핍박하오니
그들이 자기 꾀에 빠지게 하소서

(랩)
욕심 자랑 탐욕 가득 저 못된 악인들
여호와를 배반하고 아주 멸시한다네
거드름을 피우며 하나님은 없다 하고
하나님을 바라볼 생각조차 않는다네
세상에서 잘나간다고 주님의 법 외면하며
주의 백성 조롱하며 힘없는 자 때려죽이네

그의 입은 저주 거짓 포악으로 가득하며
혀 밑에는 사악함과 분란으로 채워졌네
먹이 노리는 사자처럼 고기 잡는 그물처럼
힘없는 자 덮쳐서 때리고 빼앗는다네
하나님이 어디 있냐 큰소리치며 악을 행하네


(합창)
오 여호와 우리의 하나님
속히 일어나 손을 드시옵소서
가난하고 힘없는 자들을 잊지 마소서


(독창)
하나님을 멸시하고 두려워 않는
저 악인들을 멸하소서
고아를 살피시는 하나님
힘없는 자의 의지이신 하나님
악인의 팔을 꺾으소서
그들의 악을 끝까지 벌하소서


Ⅱ
(합창)

여호와 하나님은 영원하신 왕
이방 나라들은 주의 땅에서 멸망했네
억눌린 자의 간구에 귀를 기울이시며
억눌린 자와 고아들을 지켜 보호하시니
악인들의 압제와 핍박 다시는 볼 수 없으리

(독창)
여호와 우리 하나님이 악인의 팔 꺾으시리.

# 여호와는 나의 피난처
## -노래하는 시편 11

여호와는 나의 피난처 되시네

악인들은 나에게 어서 도망가라 하네
날아가는 새처럼 산으로 피하라네
악인들이 활을 당겨 화살을 시위에 얹어
마음이 바른 자를 어두운 데서 쏘려 하네
기댈 곳도 없는 터에 의인도 별수 없다 하네

그러나 나는 여호와께 피하리

여호와는 그의 성전에 계시며
그의 보좌는 하늘에 있다네
인생을 굽어보시고 의인을 살피시며
포악한 악인들은 마음 깊이 미워하시네
악인들은 그물 던져 빠짐없이 잡아 올려
불붙은 숯과 유황 불타는 불길로 벌하시리

여호와는 의로우사 정의를 사랑하시니
정직한 자들은 주의 얼굴 뵙게 되리
여호와는 영원토록 나의 피난처 되시네.

## 주의 장막에 거할 자
-노래하는 시편 15


누구인가
주의 장막에 거할 자
주의 거룩한 산에 살 자 그 누구인가

정직하게 살며 정의를 행하는 자
마음으로부터 진실을 말하며
남의 허물을 말하지 않는 자
이웃에게 악행이나 비방을 않는 자
망령된 자는 멀리하되
여호와를 경외하는 자를 존대하는 자
마음의 서원은 해롭더라도 지키는 자
높은 이자를 받지 않고
뇌물을 받거나 죄 없는 이 해치지 않는 자

이런 자들은 결코 흔들리지 아니하리니
그들 주의 장막에 거하며
주의 거룩한 산에 영원히 살게 되리.

# 여호와여, 우리의 교회를 지켜 주소서
-노래하는 시편 20

그대가 고통 가운데 있을 때
여호와께서 그대에게 응답하시고
야곱의 하나님의 이름이 지켜 주시기를

주께서 성소에서 그대를 도우시고
시온에서 그대를 붙들어 주시며
그대의 모든 헌신을 기억하시고
그대의 번제를 기뻐 받아 주시기를

그대의 마음의 소원을 들어주시고
그대의 모든 계획을 이끌어 주셔서
그대가 승리할 때 우리 기뻐 외치며
하나님의 이름을 깃발로 휘날리도록
그대의 모든 소원 다 이루어 주시기를
우리 모두 한 마음으로 기도드려요

우리 이제는 알겠어요
여호와께서 기름 부은 그대를 지키시며
거룩한 하늘에서 그대에게 응답하시며
구원의 능력의 오른손으로 함께하심을

어떤 이는 병거를, 어떤 이는 병마를 의지하나
우리는 오직 여호와의 이름만을 의지해요
세상의 힘만 믿던 그들은 끝내 쓰러지지만
우리는 우뚝 일어나 굳세게 서 있지요

여호와여, 우리의 교회를 지켜 주소서
주의 나라와 주의 백성들을 지켜 주소서
우리의 간절한 기도를 들어주소서.

# 네가 나를 사랑하느냐

요한의 아들
시 몬 아
네가 나를
사랑하느냐
네가 이 사람들보다 나를 더 사랑하느냐
주여 그러하외다 제가 주를 사랑하는 줄
주께서 아시나이다 가서 내 양을 먹이라
참된 사랑은
양을 치는 것
양을 위해서
피를 흘리며
고통받는 것
내 널 위해
십자가에서
목숨 바쳤듯
너도 그렇게
나를 사랑하느냐
시몬아 네가 진정으로 나를 사랑하느냐

# 3부 — 네 이웃을 사랑하라

# 어서 오세요

오신다는 말
참 좋다

비가 오는 게 아니라
비가 오신다

소금이 만들어지는 게 아니라
소금이 오신다

얼마나 아름다운지

내리는 비 속에서도
응결되는 소금 속에서도
오시는 신을 맞이한
우리 선조들의 삶

옷깃 단정히 여미게 된다

사람이 올 때도
어서 오세요
신을 맞이하듯 할 일이다

때로는 가난한 나그네의 모습으로
신은 오신다고 한다

오신다는 말
참 아름답다.

# 뜨거운 치킨

치킨 오천 원어치만 주실 수 있나요

코로나가 창궐하던 겨울의
서울 변두리 영세한 치킨집
어린 동생을 데리고 온 소년의 주문에
젊은 사장은 치킨을 그냥 먹게 해 주었다

호호 불며 먹는 치킨이 뜨거웠다
얼어붙은 가슴에 따스한 강물이 흘렀다

나는 그날 보았다

이천 년 전 이스라엘의 광야에서
배고픈 이들을 위해 어린 소년이 내놓은
떡 다섯 개와 물고기 두 마리가

오천 명을 먹였던 오병이어의 기적[4]을

먹기 위해서 사는 것이 아니라
먹이기 위해서 살아갈 때
광야와 같은 삭막한 이 세상이
천국이 되는 그 아름다운 축제를

그리고 나는 비로소 알았다

손해가 되더라도 나누고 베푸는 것이
진정 아름다운 삶이라 일깨워 준
그 옛날의 성현[5]들이
치킨 만들고 배달하고 청소하면서
가장 낮은 곳에서 민들레처럼
우리 곁에서 살아가고 있음을

그해 겨울, 서울의 변두리 마을에는
솜사탕처럼 따스한 눈이 내렸다.

---

4  오병이어의 기적: 신약성경 마태복음 14장 참조. 그 외에도 이 기사는 마가복음, 누가복음, 요한복음 등 사 복음서에 모두 기록되어 있다.

5  노자는 위학일익 위도일손(爲學日益 爲道日損) - 배움은 날마다 채워가는 것이라면, 도(道)는 날마다 비워가는 것이라 하였다.

## 풍경

아파트를 끼고 지하철역으로 가는 길
그는 매일 아침 물건들을 부린다
소형 트럭에서 빼곡히 꺼낸
양은 냄비, 쓰레받기, 목욕 타올, 옷솔
줄자, 테이프, 플라스틱 바가지 따위로
길가 한편에 좌판도 없이
맨바닥 위에다 노점을 펼쳐놓는다

팔아주는 사람도 별로 없는데
그는 하루 종일 싸구려 물건들 옆에서
언젠가는 팔아줄 손님을 기다리며
추운 날이나 더운 날이나
차가운 도시락 하나로 버티다
날 저물면 물건을 거두어 돌아간다

그러던 그가

언젠가부터 보이지 않았다
몸이 안 좋은가, 다른 일을 하나
궁금을 넘어 허전한 마음조차 들었다

오늘 지하철역으로 가다가
그가 있었던 빈자리를 보니
낙엽들만 쓸쓸히 흩날리는데
우리 산다는 것도 그런 것 아닐까
그다지 대수로울 것도 없고
내세울 만한 것도 아니지만
남들 앞에 혹시나 하며 펼쳐놓았다가
저녁이면 빈손으로 돌아가야 하는
가난하면서도 눈물겹도록 엄숙한 것
차가운 도시락 하나로 버티면서
누군가를 위해 살아내야만 하는 것

그리고 나는 알았다
그가 지금까지 길가에 벌여놓았던
잡동사니 싸구려 물건들은
그가 이 지상에서 안간힘으로 가꾸어 낸
작지만 아름다운 꽃밭이었음을.

# 경비원 김 씨의 전지(剪枝) 작업

지은 지 삼십여 년이 넘은 아파트
진입로에 심은 가로수들을 전지했다

경비원 김 씨
아침부터 잘려 나간 가지들을 치우고 있다

고등학교를 졸업하고
비정규직 노동자로 중소기업을 전전하다
삼 년 전 우리 아파트 경비로 들어온 김 씨

처음 직장에 취직할 때 그도
순수한 꿈과 정의감을 전지 당했다
그리고 직장을 옮길 때마다
열정과 패기와 낭만도 잘려 나갔다

환갑을 넘긴 나이에

경비직으로 들어오면서는
자존심마저도 잘라 버려야 했다

아직 여의지 못한 아이들과
앓아누운 아내를 위해
경비원 김 씨, 잘려 나간 자신의 삶 같은
가지들을 힘에 부치게 트럭에 싣고 있다

그에게는 자신의 팔다리를 잘라서라도
지켜야 하는 가족이 있는 것이다.

# 모닥불

말이 없어도 좋았다
조용히 타오르는 불빛 바라보면
밤이 깊은 줄도 몰랐다

머언 파도 소리에 귀 기울이며
장작을 새로 넣을 때마다
다시금 피어나는 불길 너머로
환하게 비치던 착한 얼굴들

그런 시절이 있었다
함께 있기만 해도
모닥불처럼 가슴 따스해지던
그리운 그 얼굴들, 그 끝없던 이야기들

밤하늘 반짝이던 별빛들처럼
멀리서 들려오던 파도 소리처럼

그날들은 아득히 멀어져 갔지만

지금도 그날들을 생각하면
다시금 가슴속 모닥불 피어나는
그런 날들이 우리에게 있었다.

# 귀뚜라미

가을밤엔
창밖에서 귀뚜라미가 울었다

알 수 없는 그리움에
유년의 밤이 깊어갔다

젊은 날엔
귀뚜라미가 내 안에서 울었다

잊지 못할 그리움에
잠 못 이루는 밤이 많았다

나이 든 요즘은
내가 한 마리 귀뚜라미다

잠들지 못하는 가을밤

어둠 속에서 밤새 혼자 운다.

# 하산

북한산 바위 벼랑길
못과 로프 줄에 의지해
아슬아슬 매달린 저 클라이머들처럼

아등바등 기어올라 온 삶의 벼랑길

정작 정상은 구경도 못 했는데
아내 가슴에 못만 잔뜩 박고 바둥거렸다

내 생의 산길도 어느덧 저물어서
이제는 그만 내려서야 할 시간

그동안 박아놓은 숱한 못들을
엎드려서 하나하나 뽑으며
집으로 돌아가야 할 생의 하산길.

# 혹시

혹시 하고 왔다가
역시 하고 간다지만

나는 아직도 혹시 하며 산다
아마 갈 때도 혹시 하고 가서
저세상에서 눈뜰 때도
혹시 하며 눈뜰 것이다

지난해 꽃 진 자리에서
꽃들 눈 비비며 피어나듯

가을밤 떠나간 기러기가
잊은 듯이 찾아오듯

내 삶이 다하는 날까지도
저세상에서 눈뜰 때도

혹시 하며 두리번거릴 것이다

누구라서 알겠는가
고목나무에 다시 꽃이 피듯
저 은하수 넘어서
다시 그대 만날 날 있을지

그저 혹시 하며
오늘도 기다리며 살아갈 뿐.

## 무심코

길을 걷다 무심코
먼 산 멍하니 바라볼 때가 있다

책을 읽다가도 무심코
뜻 없이 글자를 끄적일 때가 있다

친구들과 이야기하다가도
혼자 운전하고 가다가도
무심코 중얼거리기도 하고
노래를 웅얼거리기도 한다

무심코 하는 말과 몸짓들에는
오래 묵은 간장처럼
유서 깊은 소금기가 배어 있다

어릴 적 물장구치며 놀던

개구쟁이 고향 친구들


까까머리 중학교 때
처음으로 가슴 설레며
밤을 새워 편지 쓰게 만들던
단발머리 그 소녀

까마득히 잊혀진 그날들이
그렇게 불쑥 찾아와
눈가를 촉촉이 적실 때가 있다

무심코 떨어지는 꽃잎 하나에도
오래고 깊은 그리움이 있다.

# 그냥

가끔씩 만나는 친구에게서
오래간만에 전화가 왔다
반가운 마음에 전화를 받았더니
어, 잘못 걸었네
해 놓고는 미안한지
잘 지내지
그렇지 뭐
다음에 밥 한번 먹자
애매하게 우물거리다 끊었다

바보 같은 녀석
그럴 땐 그냥
그냥 걸어 봤어, 궁금해서
그렇게 말했으면 얼마나 고마웠을까
잘못 걸었다고?
내가 녀석에게 무슨 잘못을 했었나

그냥 전화 걸어 줄 친구가 그립다
별 할 말은 없어도
아무 말 없이 바라보기만 해도 좋은
밤하늘의 별처럼
지금은 서로 멀리 있어도
가끔 그리워지는
문득 생각나면 미소가 떠오르는
그냥 좋은.

# 살금살금

깊은 겨울잠 자던 봄이
눈 비비며 일어나
살금살금 다가오면
나무는 화들짝 놀라
새순이 돋고
꽃단장 서두르듯

그대가 올 때도
살금살금 다가왔지만
나는 불에 덴 듯
깜짝 놀라
얼굴은 빨개져서
온 세상이 다 눈부셨건만

그대는 아무 일도 아닌 듯
또 그렇게

살금살금 가버리고
내 가슴은 화상을 입은 듯
오래도록 아프다네
혼자서 서럽다네

꽃이 지고 있네
봄날이 살금살금 가고 있네.

# 문득

그리운 것들은 언제나
문득 찾아온다

밤이 깊어 갈 때쯤
무슨 잊은 물건이라도 있는 것처럼
기별도 없이 찾아와
딸깍 형광등을 켜고
한참 부스럭거리다 간다

그렇게 왔다가
또 무언가를 들고 가버리면
가슴으로 스치는 쓸쓸한 바람
순간이 영원처럼 아득하다

그런 날이면 으레
창밖에서 귀뚜라미가 밤새 울었다.

# 절차탁마

마침내 치과에 다녀왔다

오래 앓던 송곳니를
한참을 깎고 쪼고 갈고 다듬다
아예 발본색원해서
예쁜 금니 하나 심었다

뼈를 깎는 고통 끝에 얻은 금니
늙마에 늦둥이 본 듯
금지옥엽 아껴 쓰며 살아야지

송곳니를 뽑으면서
내 안에도 뿌리 뽑아야 할
썩은 옥니들 많다는 걸 알았다

툭하면 이를 북북 갈며

절치부심, 앙앙불락하던 옥생각들
내 이빨 썩은 줄 모르고 남 탓만 하며
다른 사람들까지 힘들게 했던 그 몽니들

더 이상 썩기 전에
절차탁마, 환골탈태해서
남은 날들은 너그럽게 살아가야겠다

군자는 구제기라 했거늘[6]
남들에겐 봄바람
내 잘못엔 가을 서리
춘풍추상 금니 하나 심어야겠다.

---

6 군자구제기 소인구제인(君子求諸己 小人求諸人): 『논어(論語)』에 나오는 말로, 군자는 허물을 자기 탓으로 돌리고, 소인은 남 탓으로 돌린다는 말. 여기서 제(諸)는 '-에게서'라는 뜻의 어조사로서, '저'로 읽기도 한다.

## 벚꽃 질 무렵

어려서는 맹랑하게도
나 시집 안 가요 하던 그 소녀

처녀티가 나면서는
시집 언제 가 하면
몰라요 하며 얼굴 빨개지던 그 소녀

몰래 짝사랑하던 동네 총각
단짝이던 동무와 결혼하고 나서는
시집 안 가 하면
사람이 없어요 하며 고개 숙이던 그 소녀

그렇게 노처녀로 살아가다
어느날 쓸쓸히 우리 곁을 떠나간 그녀

해마다 벚꽃 질 때면

아스라이 떠오르는 그녀의 미소
몰라요 하며 빨개지던 그녀의 두 뺨.

## 배롱나무




가지의 밑동을 툭
건드리자
가지 끝, 그리고 환하게 핀 꽃잎까지
파르르르 떨었다

벌써 오래전 여름날의 어느 산사……

그래서 간지럼나무라고도 하지

기억의 밑동에서 아련한 목소리가 들려왔다
그리움이 꽃잎처럼 떨었다

산다는 게 그저
여름날배롱나무가지끝한순간의떨림이었다.

## 가을밤

가을밤엔
산도 일찍 잠자리에 듭니다
움츠린 채 잠든 산을
어둠이 포근히 덮어 줍니다
하늘엔 반달 하나
외등처럼 켜져 있고
산 아래 마을
잠들지 못한 바람은
불빛을 찾아 기웃거립니다
가을밤엔
귀뚜라미도 고향집이 그립습니다.

# 황금 잉어빵

　40대 초반의 그가 아파트 입구에서 황금 잉어빵 장사를 시작한 것은 유례없이 추웠던 지난해 연말쯤이었다. 얼어서 움츠리고 돌아오던 귀갓길에 그의 리어카에서 황금 잉어빵을 사들면 따라오던 겨울이 저만큼씩 물러나곤 했다. 익숙지 않은 솜씨로 묵묵히 황금 잉어빵을 구워내는 그에게는 부인과 어린 두 딸이 있다고 했다.

　그 추웠던 겨울 내내 그는 쉬지 않고 황금 잉어빵을 구웠다. 그리고 지난 토요일 오후, 황금 잉어빵을 사러 갔을 때였다. 겨울 동안 솜씨가 상당히 숙련된 그가 빵틀을 처억 여는 순간, 솟구쳐 올라온 것은 황금 잉어였다. 싱싱한 황금 잉어들이 파다닥거리며 튀긴 물방울이 금빛 햇살로 부서져 리어카 안이 환했다. 입춘이 벌써 지나고 우수가 다가오는 무렵이었다.

# 도봉산

조카 손주 결혼식 날
뒷줄에 얼굴이 반쯤은 가려진 채
어색하게 서 계시는 종조부님
젊었을 때는 참 잘생기시고
주위를 압도하시던 헌걸찬 풍모가
모진 풍파 세월에 까맣게 쪼그라들어
젊은 날의 당신보다 더 당당한
손주뻘들 뒷줄에 가물가물 서 계신다

몇 년 전만 해도 아파트 창을 열면
둥두렷이 솟아오르던 도봉산
그새 앞줄을 차지해 버린
아파트의 연봉에 가려져서
꼴까닥 가라앉을 듯 가뭇하다
깊어 가는 늦가을의 저녁
무슨 캐슬 무슨 하이츠들의 뒷줄에

서먹하게 가려진 도봉산을 보면
조카 손주 결혼 기념사진 뒷줄
겨우 얼굴 반쪽만 보이시던
종조부님 주눅 든 모습이 생각난다

몇 년 전부터는 아예
거동도 못 하시고 요양원에서
자리보전하고 누워 계신다는
이젠 까맣게 퇴락해 가는 종조부님.

## 연리지를 위하여

이른 새벽 출근길에 늘 마주치는 노부부가 있다
아마 두 분 다 여든은 넘으신 듯한데
새벽마다 그 시간이면 어김없이 산책을 나오신다

걸음걸이가 아기 걸음마처럼 아슬아슬하기도 하고
왠지 뒤뚱뒤뚱 귀엽기도 하다
특별히 대화를 나누는 것 같지도 않고
그저 서로의 손만 꼭 잡고서
아장아장 말없이 걷는 새벽길
할아버지 할머니 위로 아침은 그렇게 밝아 온다

할아버지 할머니가 손 꼭 잡고 걸어가는
저 손길의 역사를 생각해 본다
아마 젊은 날엔 자석처럼 손 꼭 붙잡고
데이트도 했겠지만
나이 들어 가면서도 처음처럼

손잡고 다니지는 않았을 것이다
먹고사는 일에 바빠 젊었을 때처럼
알콩달콩 살지만은 못했을 것이고
조금씩 서먹해져 가는 사이
아이들은 어느새 장성해서
결혼하고 하나둘씩 부모 곁을 떠나가고
어느새 두 노인네만 달랑 남게 된 삶의 길이
한결같이 꼭 평탄하진 않았으리라
어쩌면 자식들 중 한두 명 먼저 앞세웠을지도 모르지

삶이란 살아갈수록 슬픔과 상처가 늘어나는 것
더구나 나이 들어 두 노인네만
달랑 남게 된 어느 겨울날쯤에
두 노인네는 슬며시 손 다시 잡고
산책을 시작하게 되었을 것이다

아아, 손을 다시 잡는 일 하나에도
얼마나 많은 슬픔이 깃들어 있는 걸까
이른 새벽 출근할 때마다
나는 이제 다 늙은 연리지 한 그루를 만난다.

# 섬

바다로 떠난 사람들은
섬이 되었다

파도에 깎여가며
물새들 풀꽃들 기르고 살았다

머언 수평선 위로
그리운 얼굴들 아른거리면

섬이 된 사람들은
하얀 물거품으로 소식을 전해왔다.

# 폭포

저 길의 막다른 곳
벼랑 끝에서 뛰어내릴 수 있는 자만이
우렁찬 함성이 될 수 있다

새로운 길을 열어갈 수가 있다.

# 나무는 집을 짓지 않는다

사람들 흩어진 거리
나무들 비를 맞고 있다

종일 내린 겨울비로
뼛속 깊이 떨려와도
나무들 묵묵히 비를 맞는다

아름드리 나무도
아직 어린 나무도

밖에서 비를 맞고
밖에서 밤을 지새우며
밖에서 겨울을 견딘다

사람들은 나무를 베어
집을 짓지만

나무는 집을 짓지 않는다

나무는 언제나
사람들 밖에서 자라고
사람들 밖에서 숲이 된다.

## 어처구니[7] 없이 살 일이다

어떤 이는 맷돌에 손잡이가 없어서
어처구니가 없다고 하고
어떤 이는 궁궐의 잡상을 안 올려서
어처구니가 없다고 하는데

또 어떤 이는 이 나라 정치가
혹은 사회가 예술이 종교가
배웠다는 사람들이
있는 것들이 젊은 놈들이
아주 어처구니없다고들 말하는데

이 나이 되어보니 알겠다

---

[7] '어처구니'는 [표준국어대사전]에는 '엄청나게 큰 사람이나 사물'로 풀이되어 있음.

인터넷에는 어처구니를 맷돌 손잡이라거나 궁궐의 잡상이라는 기사가 많이 떠돌고 있으나, 이는 어떤 문헌적 근거도 없는 낭설이며, 국립국어원, 문화재청에서도 부인하고 있음.

맷돌 손잡이는 '맷손'이고 궁궐의 잡상은 그냥 '잡상'임.

정말로 어처구니없는 것은
이 세상을 사는 일 그 자체
덧없는 세월 속절없이 흘러서

한평생 열심히 살아온 일이
이슬이 사라지듯
구름이 흩어지듯
아무것도 없이 사라져 버린다는 것

정말로 어처구니없는 일이다
그러니 삶이란 것은
어처구니가 있는 듯 살 것 아니라
어처구니없는 듯 살 일이다

어처구니가 어디 있냐고
왜 어처구니가 없냐고

아등바등 눈에 불을 켤 게 아니라
삶이란 본래부터 어처구니없으니
저 하늘 구름처럼 흐르는 물처럼
두둥실 두리둥실 덧없이 살 일이다.

## 어른 김장하

해마다 많은 과실을 맺어
수많은 사람들 먹이고 길렀지만
저 자신을 위해서는 무엇 하나
모아 두거나 꾸미지 않은 채
숨은 듯 뒤편에 서 있는 감나무처럼

한평생 벌어서 모은 수많은 재산
모두 다 베풀고 나누어 주고서도
저 자신을 위해서는
소형차 한 대 가지지 않은
진주 남성당 한약방 김장하 선생
어느덧 80 노구로 구부정해진 걸음
낡은 양복 속에 파묻혀서
사부작 사부작 한약방으로 출근한다

그의 도움 받은 많은 이들이

학계에서 문화계에서 지역사회에서
든든한 거목으로 자라가는 동안에도
여전히 그는 진주 구석진 곳에서
가난하고 병든 세상을 위해
꼼지락 꼼지락 약을 짓고 있다
그렇게 한 푼 한 푼 모은 재산을
'이름 없는 작은 시민'의 이름으로
그는 세상을 위해 다 베풀었다

많은 돈을 버는 일은 쉽지 않은 일
많은 돈을 정직하게 버는 일은 더 어려운 일
그렇게 번 돈을 아낌없이 베푸는 일은 더욱더 어려운 일
그렇게 다 베풀고도 내색하지 않는 일은 가장 어려운 일

오른손이 하는 일 왼손도 모르게 베풀어
그 자신은 아무것 가진 것 없지만
가난한 것 같아 보여도
많은 사람을 부요케 한 참된 자유인
높은 자리보다 낮은 자리를 좋아했고

강한 자들보다 약한 자들 편에 서길 기뻐했던
이 시대의 진정한 대장부이며
참어른이신 남성 김장하 선생
오늘도 진주 동성동 한편 구석에서
이 병든 세상을 위해 약을 짓는다.

# 전봉준

조병갑의 폭정에 분노의 불길로 일어설 때도
전국의 접주들에게 사발통문을 보내 봉기를 촉구할 때도
그는 알고 있었을 것이다

정읍, 고창, 장성에서 관군을 무찔렀을 때도
전주성을 함락하여 동학의 기세 죽창처럼 시퍼럴 때도
그는 이미 알고 있었을 것이다

패배하리라는 것을,
그리고 왕 앞에 압송되어 참수되리라는 것을,
그만은 속으로 알고 있었을 것이다

성공의 확률은 다만 1할
자신은 9할의 패배에 속할 것을 알았지만

9할이 다 차는 그날
마침내 1할이 실현되리라는
그 두려운 진실 앞에서
9할을 채우기 위한 한 마리의 희생으로
한 목숨 민족의 제단 앞에 바쳤을 것이다

자신의 패배와 죽음으로
9할이 조금 더 채워져 가는 것을 보며
그는 기쁘게 죽어갔을 것이다.

# 눈사람

아침은 그냥 오는 것이 아니다
누군가 밤새도록
바깥에서 목이 메도록
아침을 불러서
마침내 어둠은 물러가고
아침이 비로소 찾아오는 것이다

밤새 눈이 내린 겨울밤을
뜬눈으로 하얗게 지새며
그 어둠과 추위 속을
꽁꽁 언 채로 지켜낸
젊은 눈사람들이 있어
아침은 눈부시게 밝아오는 것이다.

# 추신

푸르던 잎들도 다 낙엽 지고
앙상해진 가지에
겨울 내내 얼어붙은 채로
오들오들 떨면서도
봄날 새잎 돋아날 때까지
말없이 견디는 단풍잎이 있었습니다

깊은 가슴속 마지막 한 마디는
끝내 말하지 못한 채로 남았습니다.

**해설**

# '우두커니' 서서 애틋한 눈으로
– 『우두커니의 사랑』을 읽고

강 시인이 네 번째 시집을 냈다. 제목이 『우두커니의 사랑』이란다. '넋이 나간 듯이 가만히 한 자리에 서 있거나 앉아 있는 모양'을 담고 있는 사랑이라는 뜻이겠거니……. 아닌 게 아니라 시인의 어머니에 대한 절절한 그리움을 그리고 있다. 뿐만 아니라 신앙인의 자세도 가다듬고 이웃에 대한 애틋한 관심도 드러내고 있다. 평소 시인의 삶을 한 번이라도 겹쳐본 적이 있다면 이내 수긍될 만한 주제요 화제이다.

1부 '그리운 어머니'에서는 어머니라는 존재가 지닌 사랑과 희생의 정신을, 그리고 자식들의 그리움과 회한의 정서를 깊고 섬세하게 풀어낸다. 어머니의 말과 행동 속에 감추어진 고난과 아픔을 서서히 드러내며 그 안에 숨어 있는 남모를 고통을 조용히 어루만진다. 시인은 어머니의 삶이 지닌 무한한 헌신을 온 마음으로 감각하게 만들고, 그 고통 속에서도 변함없이 지속된 어머니의 인내가 가능케 했던 것은 오직 자식을 향한 사랑이었음을 애절하게 풀어낸다. 그 사랑은 단순히 물리적인 도움이 아니라, 자식들의 삶을 지탱하고 그들을 영원히 이끌어 가는 한 줄기의 빛처럼 깊고 따뜻하게 다가온다.

"마지막 남은 것까지도 어머니는 / 마저 다 덜어주시고 싶으신 모양이다"(「어머니의 다이어트」)라는 구절은 자식들에게 무엇이든 주려는 어머니의 깊고도 끝없는 마음을 절묘하게 드러낸다. 어머니는 자신의 모든 것을 자식들에게 내어주고, '그믐달'처럼 고요히 떠나가며 그 떠남 끝에 남은 어머니의 사랑은 더욱 무겁고 깊은 여운을 남긴다. '그믐달'처럼 여위어 가시는 어머니의 모습은 말없이 모든 것을 바친 사랑의 결정체임을 드러내며 가슴 깊이 스며드는 그 사랑을 느끼는 자식은 '보름달'처럼 서러워지며 어머니의 부재를 온몸으로 껴안고 살아간다.

"나는 선한 싸움을 다 싸우고 / 나의 달려갈 길을 다 마치고 믿음을 지켰으니"(「어머니의 책갈피」)는 선한 싸움을 이어간 어머니의 삶을 압축적으로 요약하며 고난의 시간을 묵묵히 이겨내고 끝까지 믿음을 지킨 어머니의 강인함을 여실히 드러낸다. 어머니의 삶은 단순한 고난의 연대기를 넘어 깊은 믿음과 사랑으로 엮인 여정이다. 그 믿음은 자식들이 험한 세상 속에서 힘들고 슬플 때마다, 어머니가 보여준 담대한 용기와 지혜를 되새기게 하며 그들의 삶을 이끌어 갈 원동력이 되어주곤 한다.

1부의 시들은 어머니라는 존재의 깊이를 찬미하며 자식들이 어머니를 통해 받은 사랑과 그 속에 숨겨진 고통을 서서히 깨닫는 여정을 담고 있다. 어머니의 사랑은 언제나 자식들 곁에 존재하며 그 사랑을 되돌아봄으로써 우리는 비로소 진정한 사랑의 의미를 깨닫곤 한다. 그 사랑은 밥 먹으라는 말 속에, 사과를 사 오셨던 기억 속에, 색연필로 표시된 한 구절의 믿음 속에 모두 녹아 있다. 어머니의 사랑은 언제나 우리 곁에, 그리고 그 사랑을 되새기며 살아갈 우리의 삶 속에 깊이 새겨져 있다.

2부 '나의 갈 길 다 가도록'에서는 신앙의 여정을 따라가는 한 신앙인의 깊은 묵상과 기도를 담고 있으며 그 속에 하나님과의 관계를 탐구하려는 진지한 열망이 묻어 있다. 성경의 구절들을 빌려 하나님과의 교감을 나누고자 하는 마음과 그분의 사랑과 은혜를 되새기고자 하는 소망을 아름답게 표현한다. 이러한 시적 여정은 단순한 종교적 고백에 그치지 않고, 신앙인으로서 삶을 살아가며 경험하는 고난과 희망, 믿음의 여정을 진지하게 탐구케 한다.

2부의 제목이 되기도 한 '나의 갈 길 다 가도록 예수 인도하시니'라는 찬송가는 신앙인으로서의 길을 걸어감에 있어 주님의 인도하심이 얼마나 중요한지를 고백한다. 이는 삶의 여정 속에서 끊임없이 경험한 예수님의 인도와 사랑을 통해 그분의 은혜가 없이는 어느 곳에도 갈 수 없음을 인식하는 믿음의 고백이다. 신앙인의 삶 속에서 경험하는 고난과 기쁨을 진지하게 성찰하며 그 속에서 발견하는 하나님의 사랑과 은혜, 그리고 그분의 인도하심을 따르려는 결단을 담고 있다.

3부 '네 이웃을 사랑하라'에서는 인간의 삶과 관계, 그 안에 깃든 따스한 순간들을 서정적으로 포착하며, 이를 섬세하게 풀어낸다. 각 이야기는 소박한 일상 속에서 피어나는 깊은 정서를 담아 독자의 마음속에 잔잔한 울림을 남긴다. 평범해 보이는 하루하루의 순간들이 시인의 손끝에서 빛을 발하며 그 속에 숨겨진 인간적 온기를 드러낸다.

「어서 오세요」에서는 언어가 가진 아름다움과 따스함을 담담히 드러낸다. 사람과 사람 사이를 잇는 '어서 오세요'라는 말 한마디가 얼마나 깊은 온기를 품을 수 있는지를, 삶을 비추는 은은한 등불이 될 수 있는지를 이야기한다. 「뜨거운 치킨」은 나눔과 사랑의 진정한 가치를 그려낸다. 음식을 나누는 단순한 행위조차 마음과 마음을 연결하는 다리가 될 수 있음을, 그리고 사소한 행동이 사랑의 시작이 될 수 있음을 말없이 전한다. 「경비원 김 씨의 전지(剪枝) 작업」은 희생의 숭고함을 노래한다. 어떤 거대한 영웅담이 아니라, 일상 속에서 묵묵히 이루어지는 작고도 위대한 희생을 조명한다.

3부의 시들은 이처럼 소소한 일상에서 발견할 수 있는 인간의 고귀함을 드러낸다. 그리고 그 발견을 따스한 문체로 풀어내며 이웃과 함께하는 순간들이 단순한 일상의 연속이 아닌 사랑의 실천이라는 사실을 이야기한다. '어서 오세요'라는 따뜻한 인사 한마디에서, 뜨거운 치킨을 나누는 손길에서, 전지 작업을 묵묵히 이어가는 이웃의 뒷모습에서 우리는 인간다움의 진정한 온도를 느낄 수 있다.

이 시집의 세 개의 장은 각각 독립된 주제를 다루는 듯 보이지만, 그 밑바닥에는 인간 존재와 삶의 본질에 대한 깊은 탐구가 흐르고 있다. 1부에서는 그리움이라는 감정 속에 깃든 사랑과 희생의 본질을, 2부에서는 신앙과 구원의 여정을 따라가며 인간이 어떻게 고난과 희망 속에서 의미를 찾아가는지를, 그리고 3부에서는 소박한 일상과 타인과의 관계를 통해 사회적 연대의 가치를 탐구한다.

각기 다른 세 개의 장은 '인간은 무엇으로 살아가는가?'라는 질문 앞에서 만나게 된다. 이 질문 앞에서 시인은 사랑, 신앙, 연대라는 세 개의 시선으로 그

답을 모색한다. 어머니의 사랑은 자식들에게, 신앙의 믿음은 하나님께, 이웃과의 연대는 타인에게로 향함을 확인케 함으로써 인간 존재의 가치는 관계 안에서 드러난다는 깨달음을 전한다. 인간은 결국 모든 연결 속에서 존재의 의미를 찾아간다.

이 시집은 소소한 이야기를 통해 인간의 삶과 존재에 대한 깊은 사유를 이끌어 낸다. 독자들은 그 안에서 자신의 삶을 비추어 보고, 우리가 살아가는 이유와 우리를 살게 하는 이유, 그리고 그 속에 숨겨진 가치에 대해 다시금 생각해 보게 한다. 이는 단순한 이야기의 나열이 아닌 인간으로 살아간다는 것, 인간으로 관계 맺는다는 것의 의미를 되새기게 하는 하나의 탐구이다.

이런 강 시인과 40여 년간 만남을 이어왔다는 것은 지극한 행복이다. 어딘가에서 '우두커니' 서서 애틋한 눈으로 나를 바라보고 있을 터이니 말이다.

김중신
(강 시인의 40년 지기 겸 전 한국어교육학회장)